Impressum
Verlag: BABADADA GmbH, Nedderfeld 112 , 22529 Hamburg
Geschäftsführer / Verlagsleitung: Harald Hof
Druck: Books on Demand GmbH, In de Tarpen 42, 22848 Norderstedt

Imprint
Publisher: BABADADA GmbH, Nedderfeld 112 , 22529 Hamburg, Germany
Managing Director / Publishing direction: Harald Hof
Print: Books on Demand GmbH, In de Tarpen 42, 22848 Norderstedt, Germany

sekolahan

школа

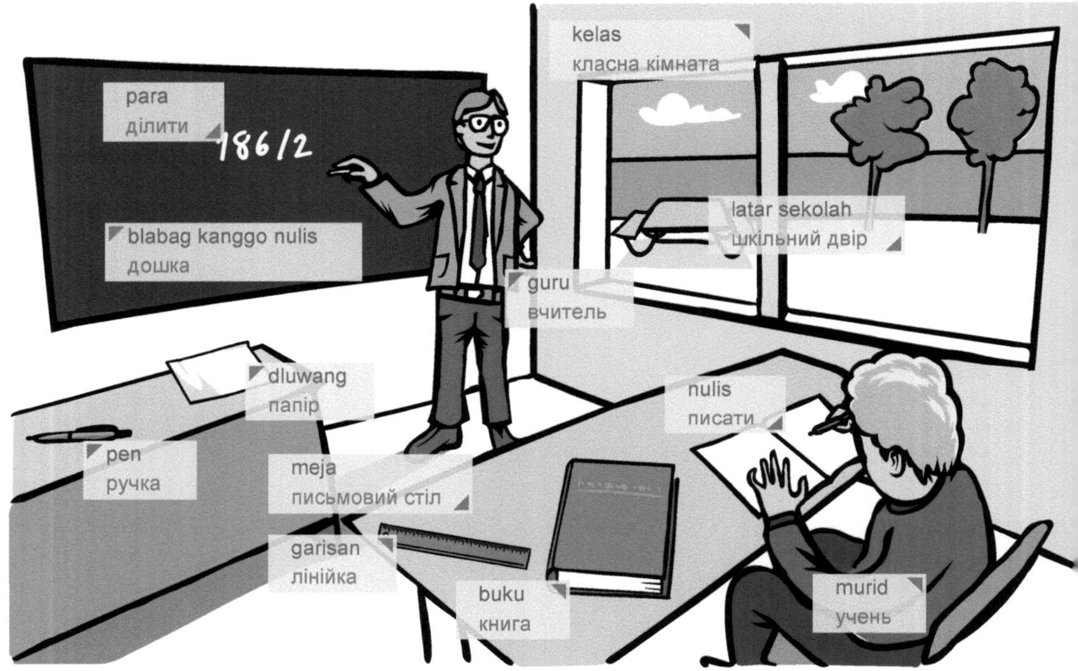

kelas
класна кімната
para
ділити
186/2
blabag kanggo nulis
дошка
latar sekolah
шкільний двір
guru
вчитель
dluwang
папір
nulis
писати
pen
ручка
meja
письмовий стіл
garisan
лінійка
buku
книга
murid
учень

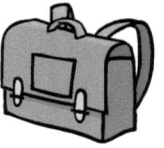

tas sekolah

ранець

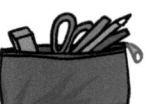

tepak potlot

пенал

potlot

олівець

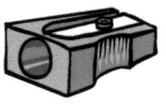

orotan potlot

точило

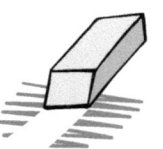

setip

гумка

lemek nggambar

альбом для малювання

gambar

малюнок

kuwas

пензель

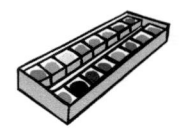

tepak cat nggambar

коробка фарб

gunting

ножиці

lem

клей

buku latihan soal

зошит

pakaryan omah

домашнє завдання

angka

число

tambah

додавати

suda

віднімати

ping

множити

itung

рахувати

aksara

літера

abjad

абетка

tembung

слово

teks

текст

maca

читати

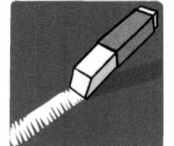

kapur

крейда

wulangan

година

dhaptar

класний журнал

ujian

екзамен

sertipikat

диплом

sragam sekolah

шкільна форма

pendhidhikan

освіта

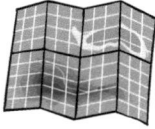

ensiklopedia

лексикон

universitas

університет

mikroskop

мікроскоп

peta

карта

kranjang larahan

кошик для паперу

perjalanan

подорож

hotel
готель
Grand
hostel
турбаза
ROOMS
EXCHANGE
or pertukaran duit mancanegara
нний пункт
koper
валіза
mobil
автомобіль

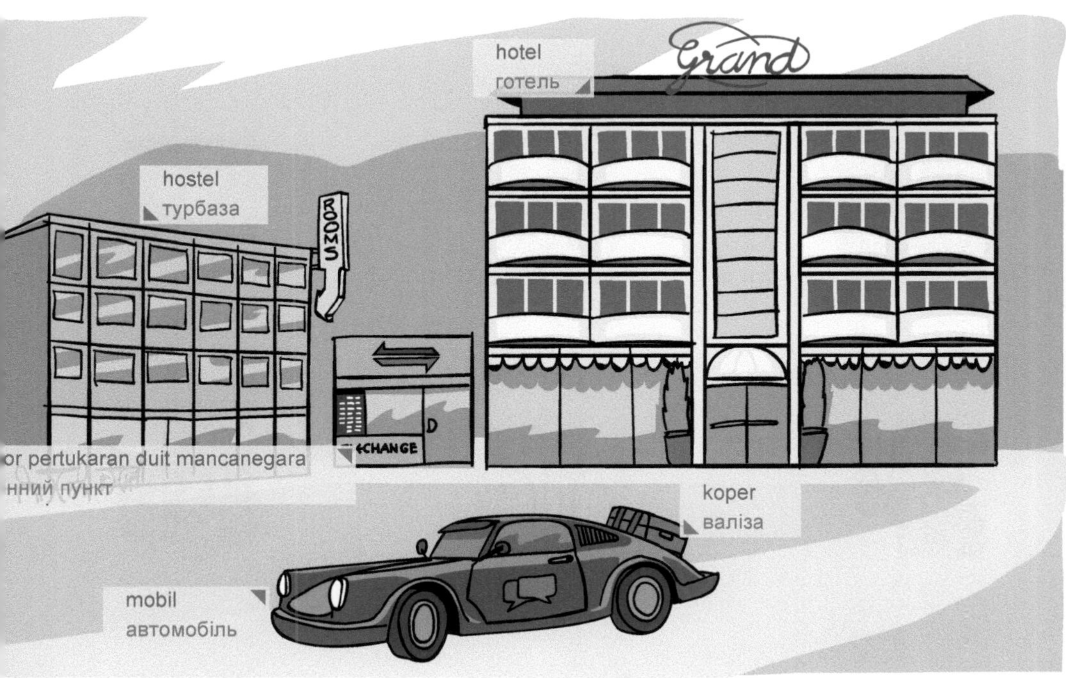

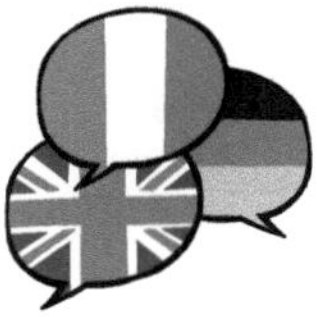

basa

мова

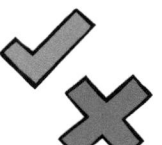

iya / ora

так / ні

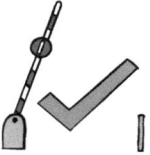

oke

добре

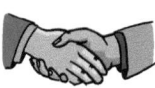

halo

привіт

juru basa

перекладач

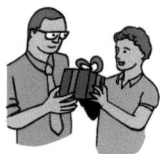

matur nuwun

дякую

Piro regane ...?

Скільки коштує ...?

aku ora ngerti

Я не розумію

masalah

проблема

Sugeng dalu!

Добрий вечір!

Sugeng enjang

Доброго ранку!

Sugeng dalu!

На добраніч!

pareng

До побачення

arah

напрямок

koper

багаж

tas

сумка

ransel

рюкзак

tamu

гість

kamar

кімната

kantong turu

спальний мішок

tenda

намет

informasi turis

туристична інформація

pantai

пляж

kertu kredit

кредитна картка

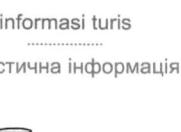

sarapan

сніданок

mangan awan

обід

mangan ing wayah benɉi

вечеря

tiket

квиток

lift

ліфт

perangko

поштова марка

watesan

межа

cukai

митниця

kedutaan

посольство

visa

віза

paspor

паспорт

angkutan
транспорт

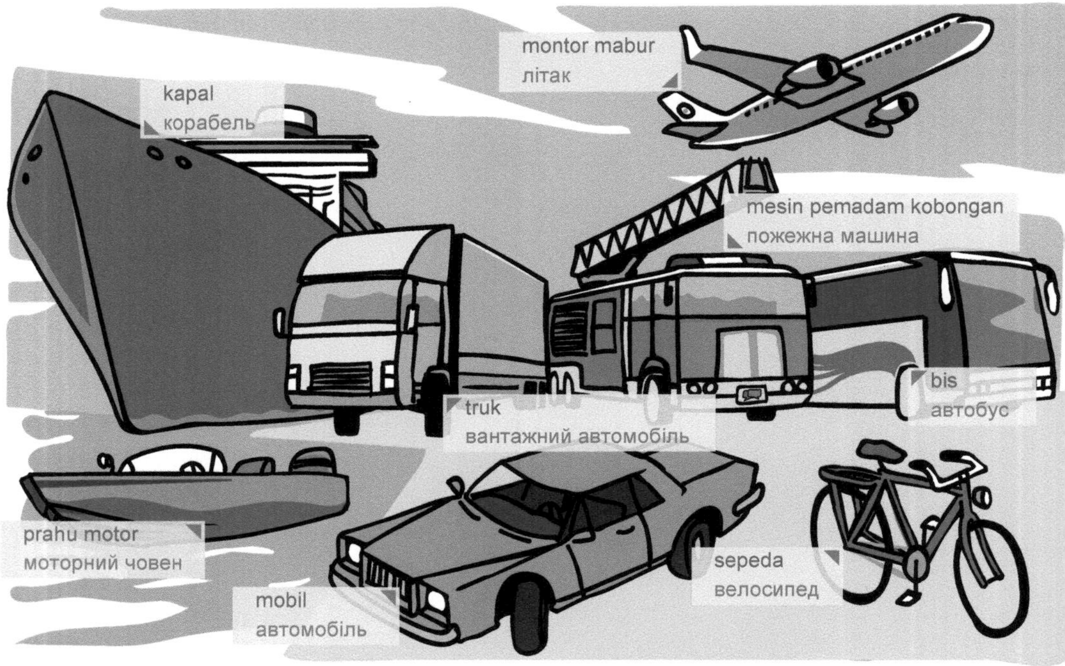

montor mabur
літак
kapal
корабель
mesin pemadam kobongan
пожежна машина
bis
автобус
truk
вантажний автомобіль
prahu motor
моторний човен
sepeda
велосипед
mobil
автомобіль

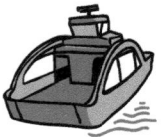

feri

пором

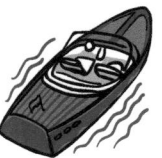

perahu

човен

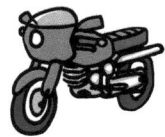

sepeda motor

мотоцикл

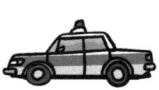

mobil polisi

поліцейська машина

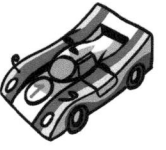

mobil balapan

гоночний автомобіль

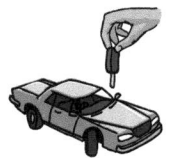

mobil sewa

автомобіль на прокат

sewa mobil

спільне користування авто

truk derek

евакуатор

truk resek

сміттєвоз

motor

двигун

bensin

паливо

pom bensin

автозаправна станція

tanda dalan

дорожній знак

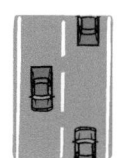

lalu lintas

рух

macet

затор

parkir mobil

стоянка

stasiun sepur

вокзал

ril sepur

рейки

sepur

потяг

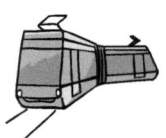

tram

трамвай

grobak

вагон

helikopter

гелікоптер

lapangan montor mabur

аеропорт

menara

вежа

penumpang

пасажир

kontener

контейнер

kerdhus

коробка

troli

візок

kranjang

кошик

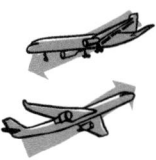

mabur / ndarat

стартувати / приземлятися

kutha

місто

desa

село

tengah kutha

центр міста

omah

дім

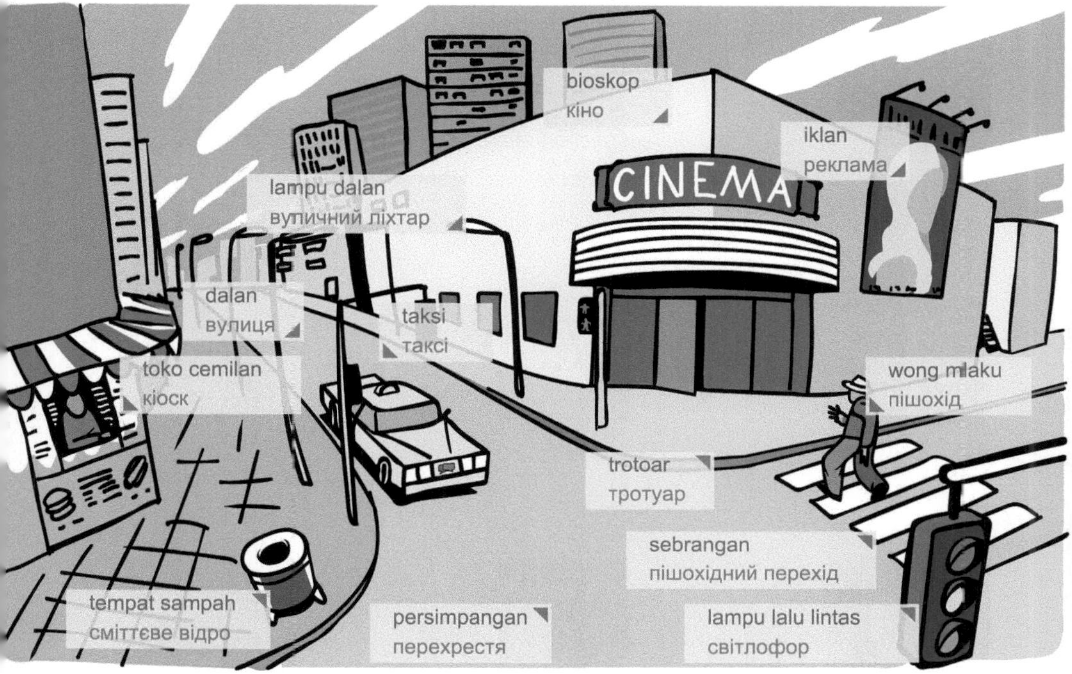
bioskop
кіно
CINEMA
iklan
реклама
lampu dalan
вуличний ліхтар
dalan
вулиця
taksi
таксі
toko cemilan
кіоск
wong mlaku
пішохід
trotoar
тротуар
sebrangan
пішохідний перехід
tempat sampah
сміттєве відро
persimpangan
перехрестя
lampu lalu lintas
світлофор

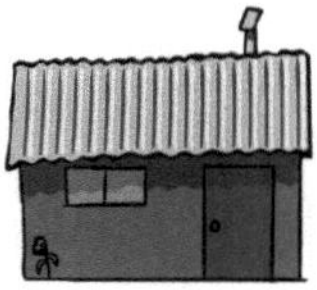

gubuk

хатина

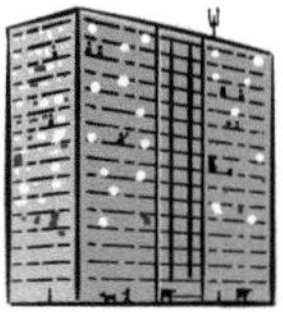

apartemen

квартира

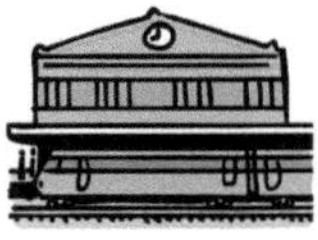

stasiun sepur

вокзал

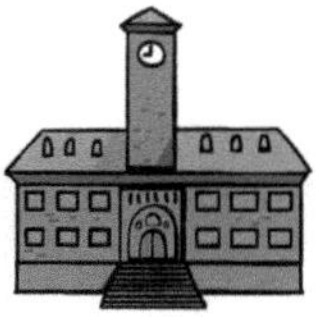

bale kutha

ратуша

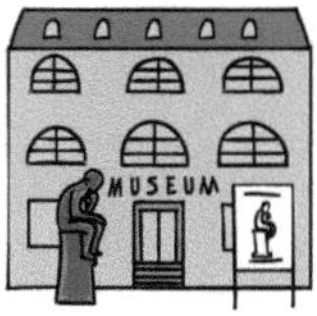
MUSEUM

museum

музей

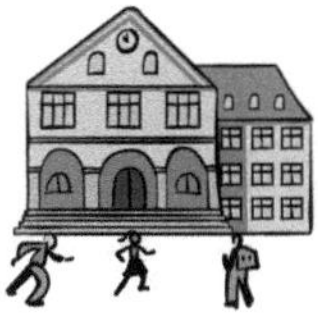

sekolahan

школа

universitas

університет

bank

банк

griya sakit

лікарня

hotel

готель

apotek

аптека

kantor

офіс

toko buku

книжковий магазин

toko

магазин

toko kembang

квітковий магазин

supermarket

супермаркет

pasar

ринок

toko sarwa ana

універмаг

toko iwak

торговець рибою

mal

торговельний центр

pelabuhan

гавань

taman

парк

bangku

лава

tretek

міст

andha

сходи

metro

метро

trowongan

тунель

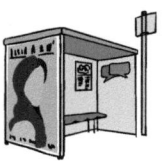

halte bis

автобусна зупинка

bar

бар

restoran

ресторан

kotak surat

поштова скринька

pratandha dalan

вулична табличка

meteran parkir

лічильник паркування

kebon kewan

зоопарк

kolam renang

басейн

masjid

мечеть

kebon

ферма

polusi

забруднення навколишнього середовища

kuburan

кладовище

greja

церква

panggon dolanan

дитячий майданчик

candi

храм

lanskap

ландшафт

godong
листок

plang
вказівний стовп

dalan
шлях

beran
луг

watu
камінь

wong munggah
мандрівник

uwit
дерево

kali
річка

suket
трава

kembang
квітка

lembah

долина

bukit

гора

tlogo

озеро

alas

ліс

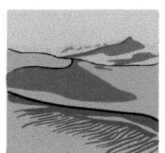

ara-ara

пустеля

gunung geni

вулкан

keraton

замок

kluwung

веселка

jamur

гриб

uwit palem

пальма

lemut

комар

laler

муха

semut

мурашка

tawon

бджола

angga-angga

павук

kumbang

жук

kodok

жаба

bajing

вивірка

landhak

їжак

truwelu

заєць

manuk dares

сова

manut

птах

banyak

лебідь

celeng

кабан

kidang

олень

menjangan

лось

bendungan

гребля

turbin angin

вітряк

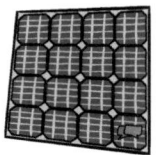

panel srengenge

сонячний модуль

iklim

клімат

restoran
ресторан

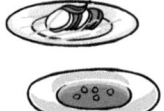

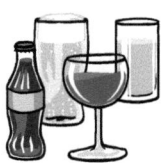

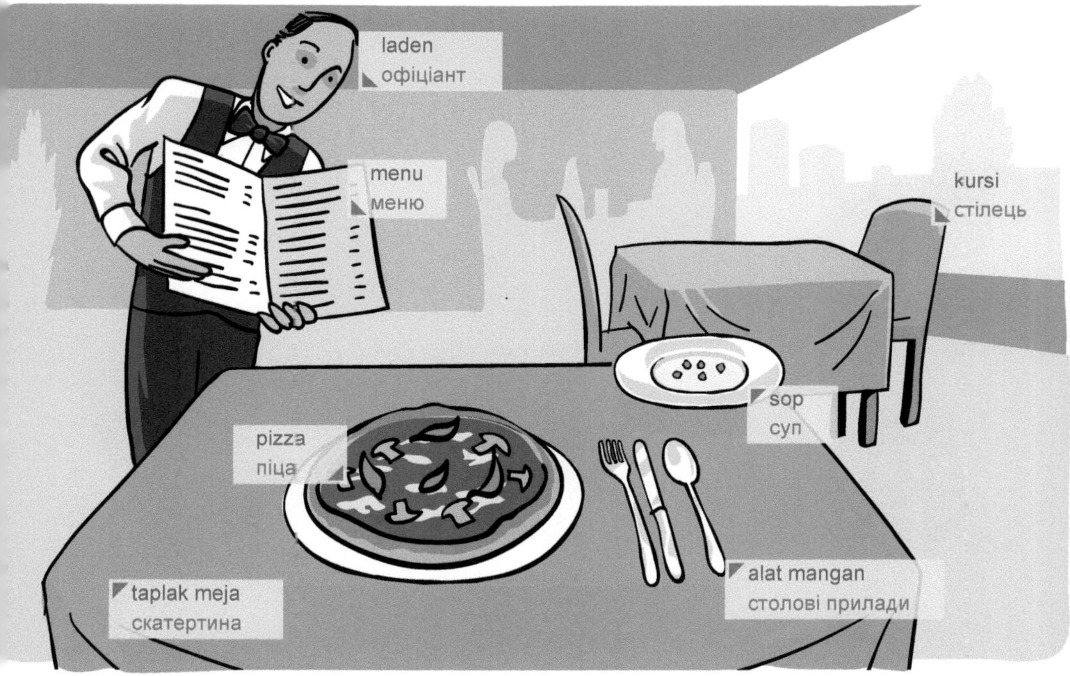
laden
офіціант
menu
меню
kursi
стілець
sop
суп
pizza
піца
taplak meja
скатертина
alat mangan
столові прилади

hidangan pambuka
закуска

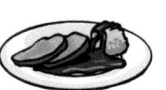

menu utama
друга страва

hidangan penutup
десерт

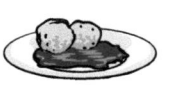

ombenan
напої

panganan
їжа

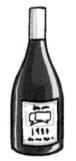

gendul
пляшка

panganan instan

фаст-фуд

jajan cemilan

вулична їжа

ceret teh

чайник

kaleng gula

цукорниця

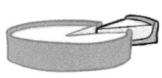

porsi

порція

mesin espresso

еспресо-машина

kursi duwur

високий стільчик

tagihan

рахунок

baki

піднос

lading

ніж

sendok garpu

вилка

sendok

ложка

sendok teh

чайна ложка

serbet

серветка

gelas

склянка

piring

тарілка

piring sop

тарілка для супу

lepek

блюдце

duduh

соус

gendul uyah

солонка

bubuk mrico

млин для перцю

cuka

оцет

lenga

масло

bumbon

спеції

saos tomat

кетчуп

mustar

гірчиця

mayones

майонез

supermarket
супермаркет

tawaran khusus
пропозиція
FOR
langganan
клієнт
produk saka susu
молочні продукти
woh-wohan
фрукти
troli
візок для покупок

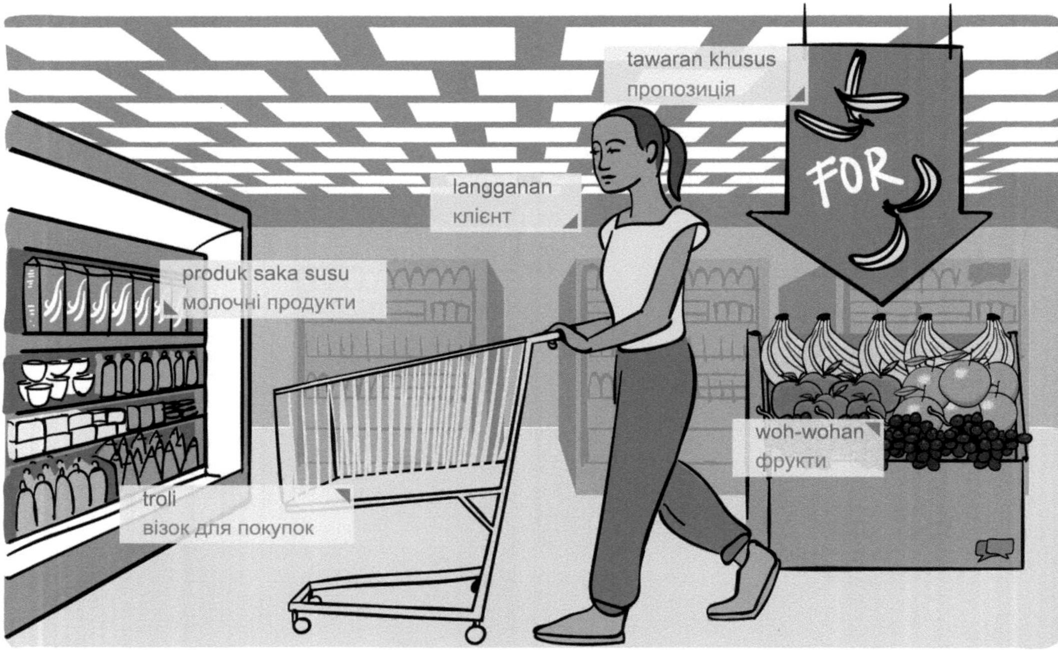

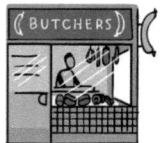

BUTCHERS
toko daging
м'ясний магазин

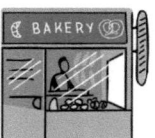

BAKERY
toko roti
пекарня

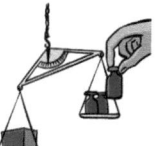

nimbang
зважувати

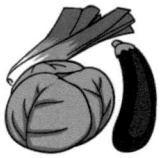

janganan
овочі

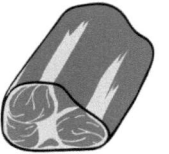

daging panggang
м'ясо

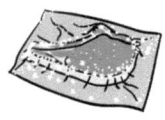

panganan beku
заморожені продукти

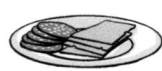

irisan daging

ковбасна нарізка

panganan kaleng

консерви

deterjen

пральний порошок

permen

солодощи

produk reresik omah

предмети домашнього побуту

produk reresik

мийний засіб

bakul

продавщиця

mesin kasir

каса

kasir

касир

daftar blanja

список покупок

jam buka

часи роботи

dompet

гаманець

kertu kredit

кредитна картка

tas

сумка

tas kresek

поліетиленовий пакет

banyu

вода

jus

сік

susu

молоко

ombenan kanthi karbon

кола

anggur

вино

bir

пиво

alkohol

алкоголь

coklat

какао

teh

чай

kopi

кава

espresso

еспресо

cappuccino

капучіно

gedhang

банан

apel

яблуко

jeruk

апельсин

semangka

кавун

jeruk lemon

лимон

wortel

морква

bawang

часник

pring

бамбук

bawang

цибуля

jamur

гриб

kacang

горішки

bakmi

локшина

spageti

спагеті

sego

рис

salad

салат

kentang goreng

картопля фрі

kentang goreng

смажена картопля

pizza

піца

hamburger

гамбургер

roti isi

бутерброд

daging irisan

шніцель

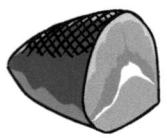

daging ham

шинка

salami

салямі

sosis

ковбаса

pitik

курка

daging panggang

печеня

iwak

риба

bubur gandum

вівсяні пластівці

muesli

мюслі

sereal jagung

кукурудзяні пластівці

glepung

борошно

croissant

круасан

roti

булочка

roti

хліб

roti panggang

тостовий хліб

biskuit

печиво

mertega

масло

dadih

сир

kue

пиріг

endog

яйце

endog goreng

яєчня

keju

сир

es krim

морозиво

gula

цукор

madu

мед

sele

мармелад

krim nugat

нуга-крем

kare

карі

kebon
ферма

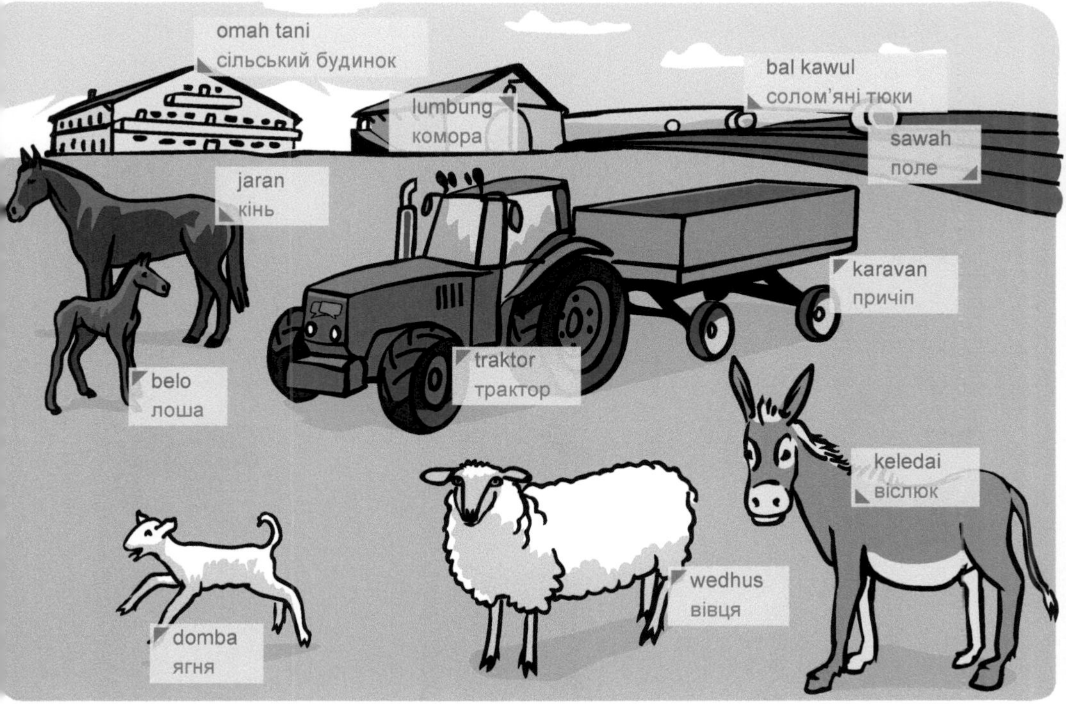
omah tani
сільський будинок
lumbung
комора
bal kawul
солом'яні тюки
sawah
поле
jaran
кінь
karavan
причіп
traktor
трактор
belo
лоша
keledai
віслюк
wedhus
вівця
domba
ягня

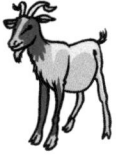

wedhus

коза

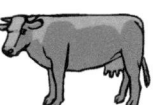

sapi

корова

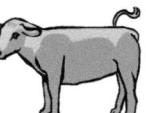

pedhet

теля

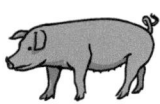

babi

свиня

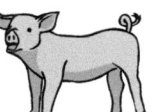

gambluk

порося

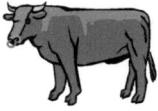

kebo

бик

banyak

гусак

bebek

качка

kuthuk

курча

babon

курка

jago

півень

tikus

щур

kucing

кіт

tikus

миша

sapi

віл

asu

собака

kandang asu

собача будка

selang

садовий шланг

gembor

лійка

arit gede

коса

waluku

плуг

arit gede

серп

pacul

мотика

garu

вила

kapak

сокира

grobak surung

тачка

wadah pakan

корито

kaleng susu

бідон молока

karung

мішок

pager

паркан

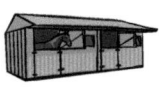

kandang

хлів

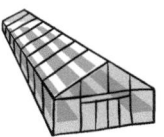

omah kaca

теплиця

lemah

ґрунт

wiji

насіння

rabuk

добриво

traktor panen

комбайн

manen

пожинати

panen

урожай

ubi

корінь ямсу

gandum

пшениця

kedelai

соя

kentang

картопля

jagung

кукурудза

lobak

ріпак

wit woh-wohan

плодове дерево

telo

маніок

sereal

злаки

omah
дім

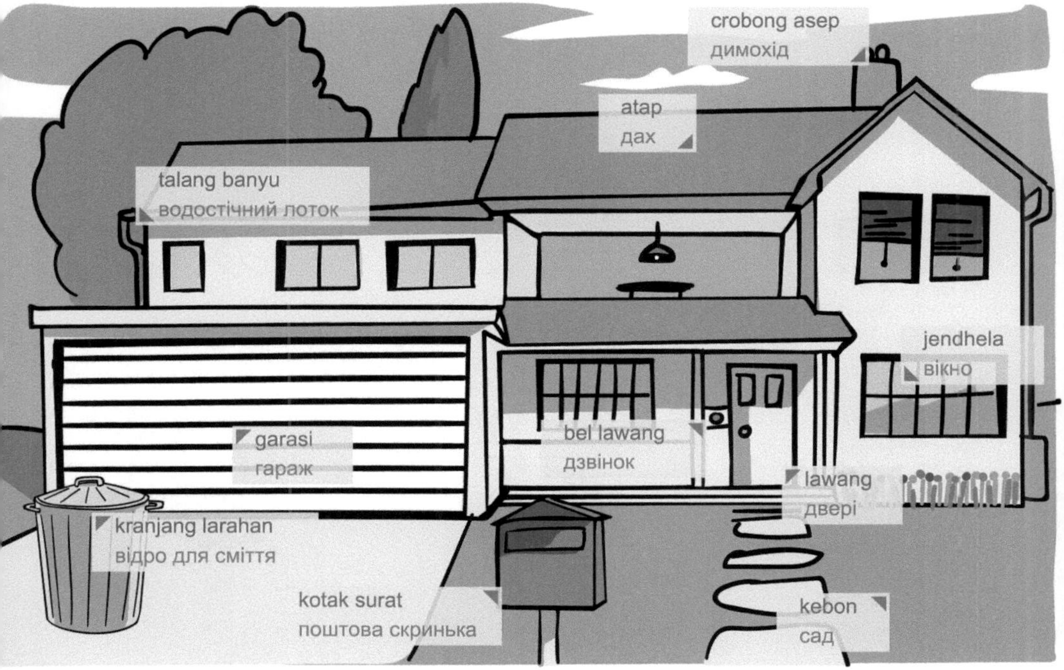
crobong asep
димохід
atap
дах
talang banyu
водостічний лоток
jendhela
вікно
garasi
гараж
bel lawang
дзвінок
lawang
двері
kranjang larahan
відро для сміття
kotak surat
поштова скринька
kebon
сад

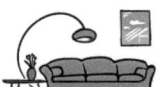

ruang tamu

вітальня

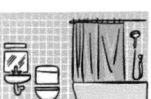

jedhing

ванна кімната

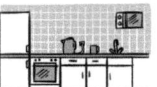

pawon

кухня

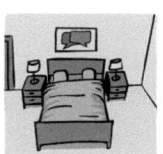

kamar turu

спальня

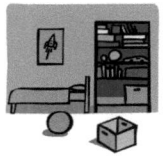

kamar anak

дитяча кімната

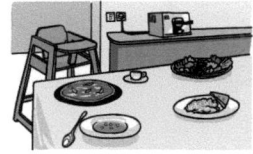

kamar panedhaan

їдальня

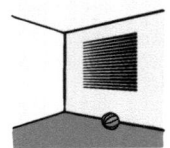

jobin

підлога

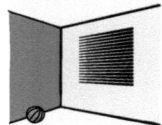

tembok

стіна

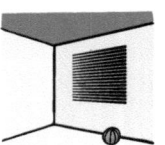

pyan

стеля

gudhang ing njero lemah

підвал

sauna

сауна

balkon

балкон

teras

тераса

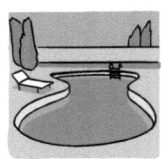

blumbang kanggo nglangi

басейн

mesin kanggo motong suket

косарка

lembaran

простирало

sprei

ковдра

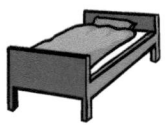

dipan

ліжко

sapu

мітла

ember

відро

tombol

перемикач

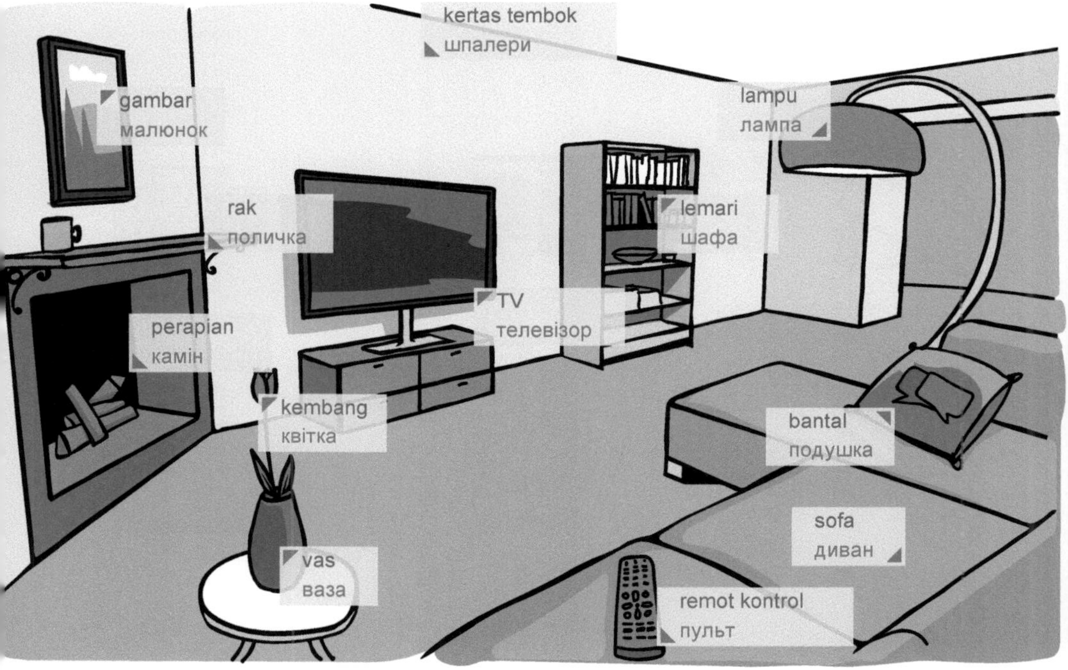

kertas tembok
шпалери

gambar
малюнок

lampu
лампа

rak
поличка

lemari
шафа

perapian
камін

TV
телевізор

kembang
квітка

bantal
подушка

sofa
диван

vas
ваза

remot kontrol
пульт

karpet

килим

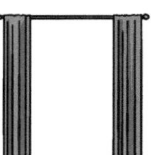

korden

завіса

meja

стіл

kursi

стілець

kursi goyang

крісло-гойдалка

kursi tangan

крісло

buku

книга

selimut

ковдра

dekorasi

прикраса

kayu bakar

дрова

film

фільм

hi-fi

стереосистема

kunci

ключ

koran

газета

lukisan

картина

poster

плакат

radio

радіо

buku catetan

блокнот

penyedot lebut

пилосос

kaktus

кактус

lilin

свічка

pawon
кухня

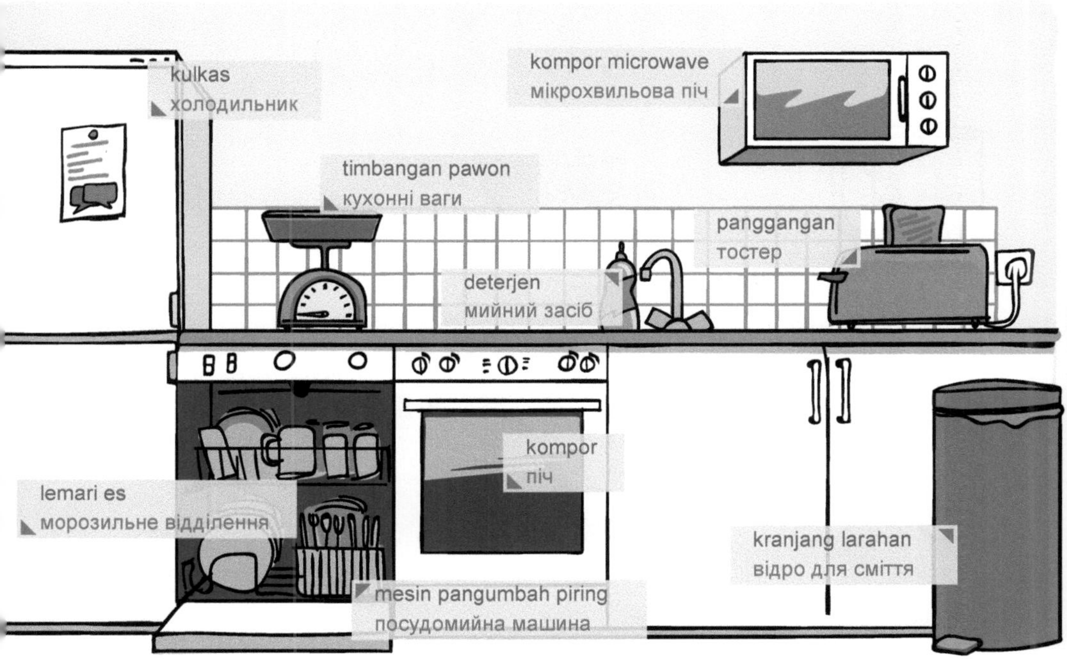

kulkas
холодильник
kompor microwave
мікрохвильова піч
timbangan pawon
кухонні ваги
panggangan
тостер
deterjen
мийний засіб
kompor
піч
lemari es
морозильне відділення
kranjang larahan
відро для сміття
mesin pangumbah piring
посудомийна машина

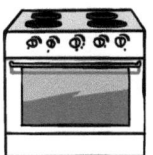

kompor

плита

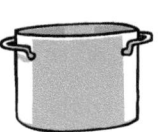

panci

горщик

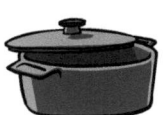

panci wesi

чавунний горщик

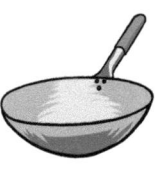

wajan

вок / кадай

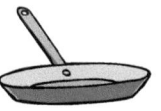

wajan

сковорода

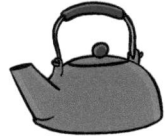

ceret

чайник

kukusan

пароварка

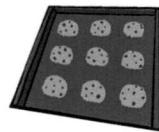

loyang

лист

pecah belah

посуд

mug

кухоль

mangkok

чаша

sumpit

палички для їжі

irus

черпак

solet

лопатка

udeg

вінчик для збивання

ayakan

сито

saringan

сито

parutan

терка

lumpang

ступка

panggangan

барбекю

geni

багаття

telenan

дошка

gilingan adonan

качалка

kotrek

штопор

kaleng

конзерва

bukaan kaleng

відкривачка

cempal

прихватки

wastafel

раковина

sikat

щітка

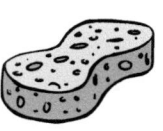

sepon

губка

blender

міксер

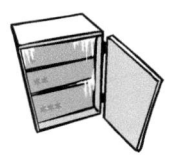

kulkas

морозильна камера

gendul bayi

дитяча пляшка

kran

кран

jedhing
ванна кімната

alat manasi
опалення
pancuran
душ
andhuk
рушник
klambu jedhing
душова завіса
adhus unthuk
пiниста ванна
bak adhus
ванна
gelas
склянка
mesin ngumbah
пральна машина
kran
кран
tekel
плитка
pispot
горшок
wastafel
раковина

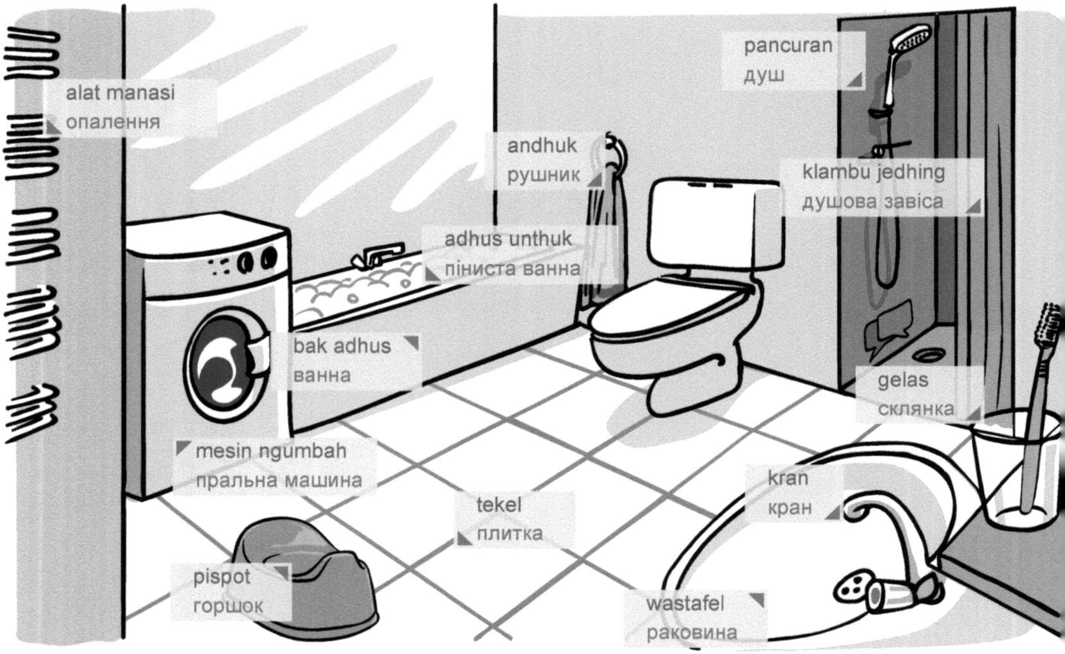

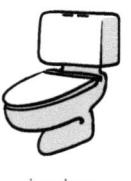

jamban
туалет

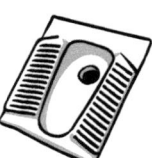

jamban dhodhok
підлоговий туалет

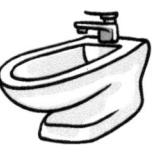

bidet
біде

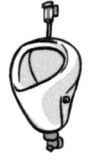

pissoir
пісуар

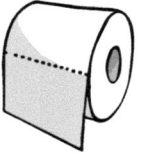

tisu jamban
туалетний папір

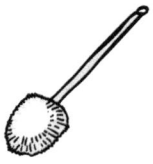

sikat jamban
щітка для туалету

sikat untu

зубна щітка

odol

зубна паста

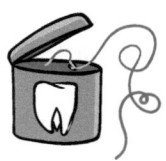

bolah untu

нитка для чищення зуєів

ngumbahi

мити

gagang shower

ручний душ

pancuran

інтимний душ

baskom

таз

sikat geger

щітка для спини

sabun

мило

gel pancuran

гель для душу

sampo

шампунь

hem

мочалка

nguras

водостік

krim

крем

deodoran

дезодорант

pangilon

дзеркало

koco tangan

косметичне дзеркало

silet

бритва

umpluk cukur

піна для гоління

aftershave

лосьйон після гоління

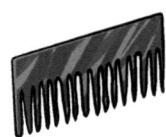

jungkat

гребінь

sikat untu

щітка

hairdryer

фен

hairspray

лак для волосся

dandanan

косметика

gincu

губна помада

kuteks

лак для нігтів

kapas

вата

gunting kuku

ножиці для нігтів

parfum

парфум

kantong adhus

косметичка

dingklik

табурет

timbangan

ваги

jubah kanggo sawise adhus

халат

sarung karet

гумові рукавички

tampon

тампон

pembalut

гігієнічні прокладки

jamban nganggo bahan kimia

біотуалет

kamar anak

дитяча кімната

alarm jam
будильник
dolanan empuk
м'яка іграшка
mobil-mobilan
іграшковий автомобіль
kumretek
брязкальце
omah boneka
ляльковий будиночок
hadiah
подарунок

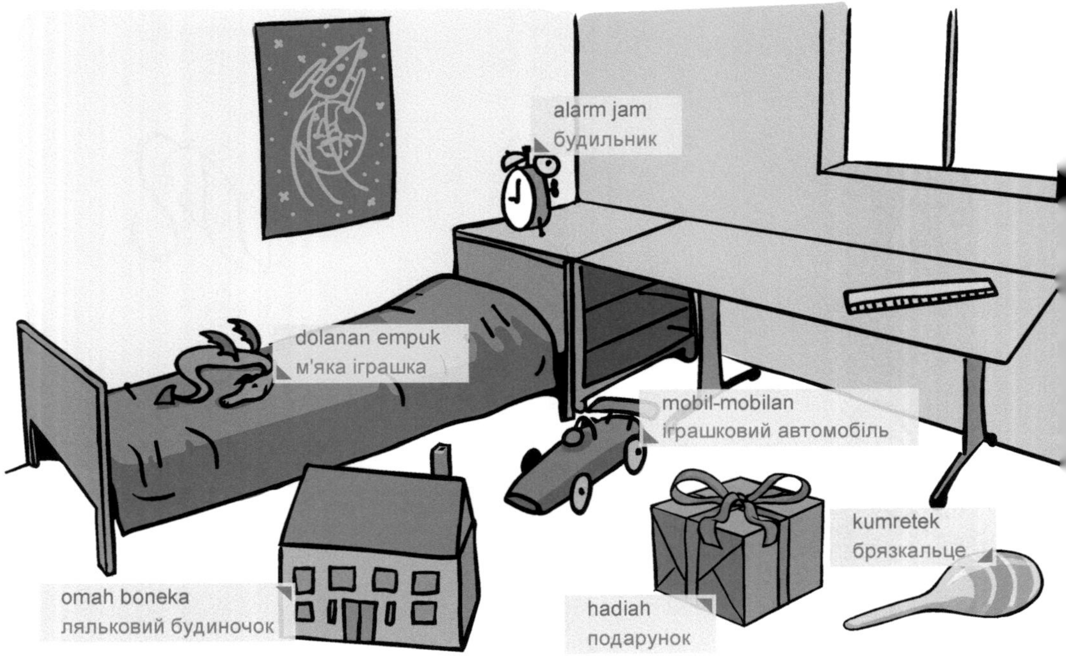

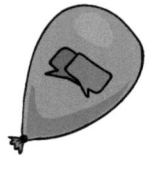

balon
повітряна кулька

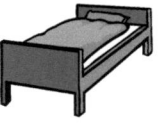

dipan
ліжко

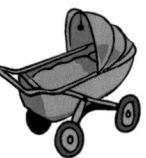

kreto bayi
дитячий візок

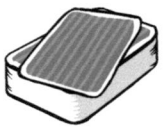

meja kertu
картярська гра

teka-teki
пазл

SUPER
MEGA

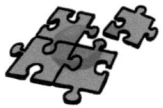

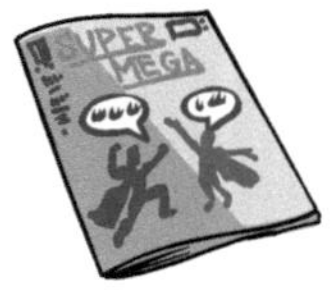

komik
комікс

bata lego

лего цеглинки

balok dolanan

блоки

boneka aksi

іграшкова фігурка

klambi bayi

повзунки

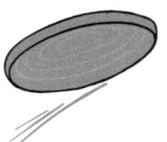

frisbee

фризбі

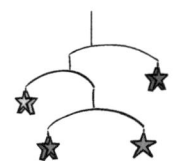

dolanan gantungan

мобіле

dolanan meja

настільна гра

dadu

кубик

sepur dolanan

модель залізнична станція

dot

соска

pesta

вечірка

buku gambar

книжка з картинками

bal

м'яч

boneka

лялька

dolanan

грати

panggon dolanan pasir

пісочниця

ayunan

гойдалка

dolanan

іграшка

konsol video game

гральна консоль

sepeda roda telu

триколісний велосипед

beruang teddy

плюшевий мішка

lemari sandhangan

шафа

klambi

одяг

kaos kaki

шкарпетки

stoking

панчохи

kathok singset

колготки

slendang
шарф

sabuk
ремінь

payung
парасоля

kaos oblong
футболка

sepatu bot
чоботи

slop
домашнє взуття

sepatu kets
кросівки

sandal
сандалі

sepatu
взуття

sepatu bot karet
гумові чоботи

sempak
труси

kutang
бюстгальтер

rompi
нижня сорочка

awak

боді

kathok

штани

kathok jins

джинси

rok

спідниця

blus

блузка

klambi

сорочка

jaket nganggo kudung

пуловер

sweter

светр

blezer

піджак

jaket

куртка

mantel

пальто

jas udan

дощовик

kostum

костюм

gaun

сукня

gaun manten

весільна сукня

setelan

костюм

klambi kanggo turu

нічна сорочка

piyama

піжама

kain sari

carі

kudung

головна хустка

serban

чалма

cadar

бурка

kaftan

кафтан

abaya

абая

klambi kanggo nglangi

купальник

kathok renang

плавки

kathok cekak

шорти

klambi trening

тренувальний костюм

celemek

фартух

sarung tangan

рукавички

benik

гудзик

kacamata

окуляри

gelang

браслет

kalung

ланцюг

ali-ali

кільце

anting-anting

сережка

peci

шапка

gantungan mantel

плічка

topi

капелюх

dasi

краватка

slerekan

застібка-блискавка

helem

шолом

bretel

підтяжки

sragam sekolah

шкільна форма

sragam

уніформа

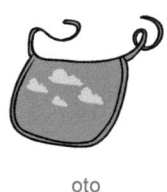

oto

нагрудник

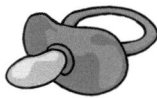

dot

соска

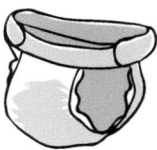

popok

підгузок

kantor

офіс

server
сервер
lemari arsip
шаф для документів
printer
принтер
dluwang
папір
monitor
монітор
mouse
миша
meja
письмовий стіл
folder
папка
papan tombol
синтезатор
kranjang larahan
кошик для паперу
komputer
комп'ютер
kurs
стілець

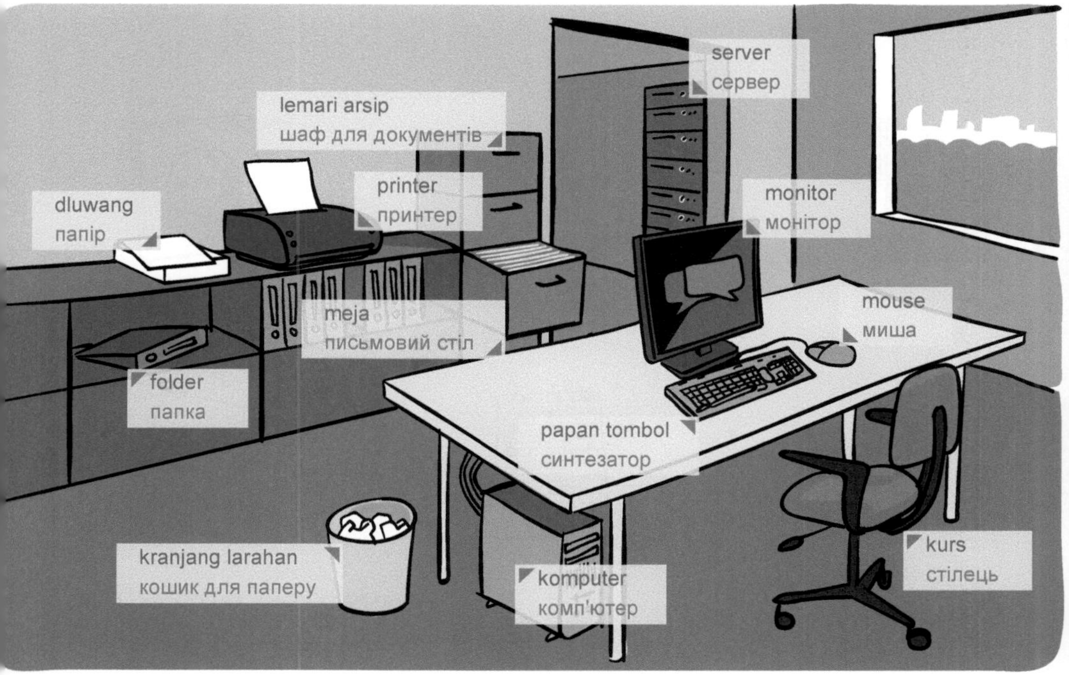

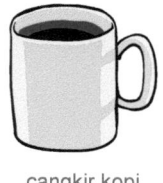

cangkir kopi

кавовий кухоль

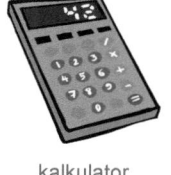

kalkulator

калькулятор

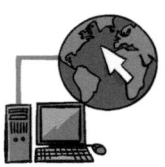

internet

інтернет

laptop

ноутбук

surat

лист

pesen

повідомлення

HP

мобільний телефон

jaringan

мережа

mesin fotokopi

копіювальний пристрій

software

програмне забезпечення

telpon

телефон

colokan

розетка

mesin faksimili

факс

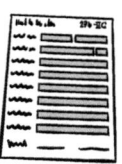

blangko

бланк

dokumen

документ

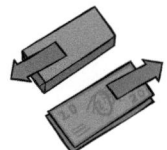

tuku

купувати

mbayar

платити

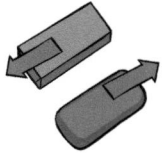

bebakulan

торгувати

duit

гроші

USD

dolar

долар

EUR

euro

євро

JPY

yen

ієна

RUB

rubel

рубль

CHF

franc Swiss

франк

CNY

yuan renminbi

юанів женьміньбі

INR

rupe

рупія

cash point

банкомат

kantor pertukaran duit mancanegara

обмінний пункт

emas

золото

perak

срібло

minyak

нафта

energi

енергія

rego

ціна

kontrak

контракт

pajek

податок

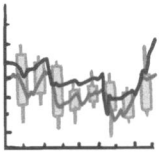

saham

акція

kerjo

працювати

pegawe

працівник

juragan

роботодавець

pabrik

фабрика

toko

магазин

gawean
професії

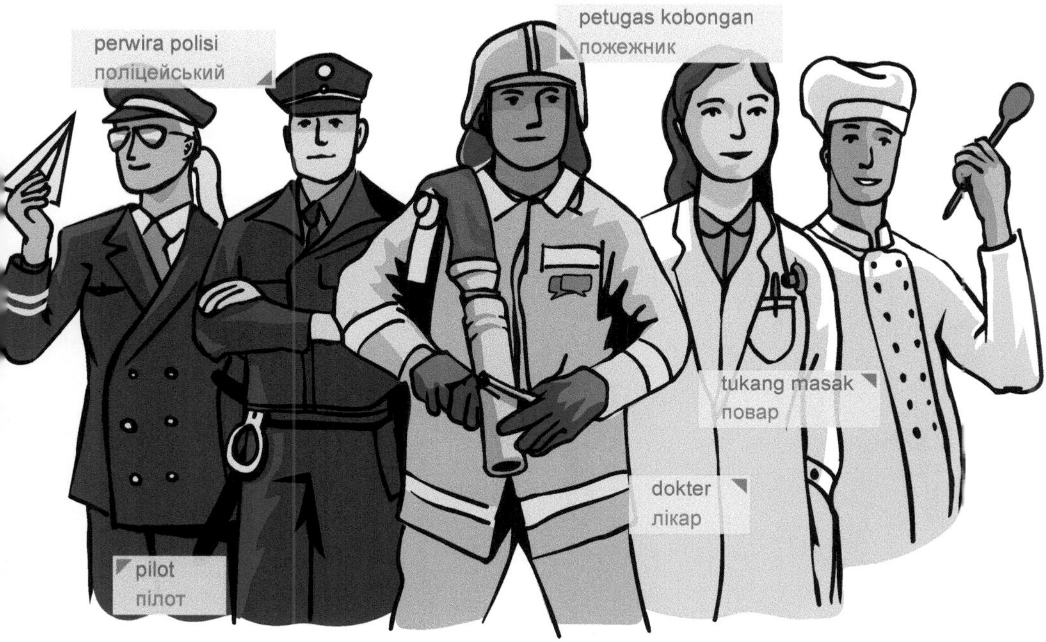
perwira polisi
поліцейський
petugas kobongan
пожежник
tukang masak
повар
dokter
лікар
pilot
пілот

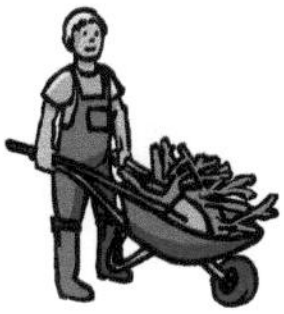

tukang kebon

садівник

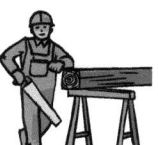

tukang kayu

столяр

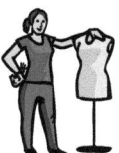

tukang jahit

швачка

hakim

суддя

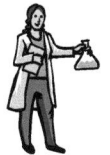

ahli kimia

хімік

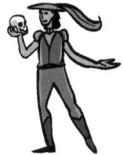

aktor

актор

sopir bis

водій автобуса

sopir taksi

таксист

nelayan

рибалка

tukang reresik

прибиральниця

tukang pasang gendheng

покрівельник

laden

офіціант

pamburu

мисливець

pelukis

художник

tukang roti

пекар

tukang listrik

електрик

tukang mbangun

будівельник

insinyur

інженер

jagal

забійник

tukang ledeng

бляхар

tukang pos

листоноша

tentara

солдат

arsitek

архітектор

kasir

касир

bakul kembang

флорист

juru rambut

перукар

kondektur

кондуктор

mekanik

механік

kapten

капітан

dokter untu

дантист

ilmuwan

вчений

rabbi

рабин

imam

імам

biksu

монах

pandhita

пастор

alat

інструменти

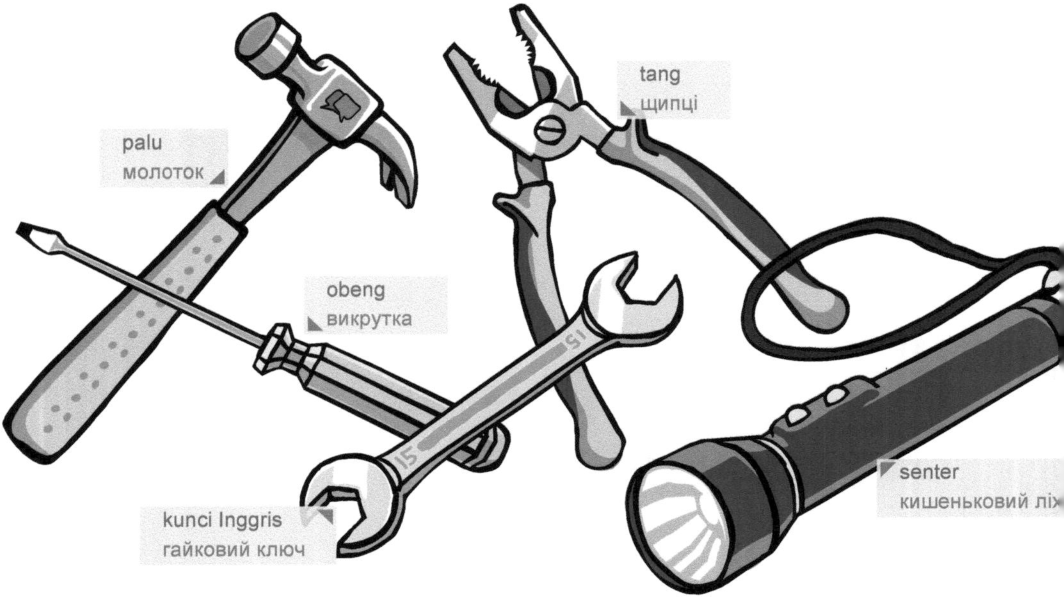

palu
молоток
tang
щипці
obeng
викрутка
senter
кишеньковий лі
kunci Inggris
гайковий ключ

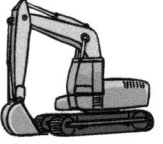

mesin kerukan

екскаватор

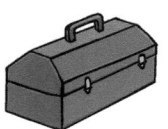

wadah perkakas

ящик для інструментів

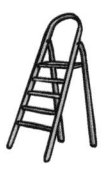

andha

драбина

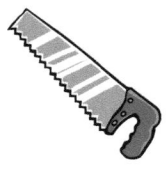

graji

пилка

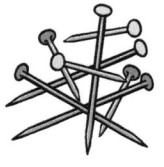

paku

цвяхи

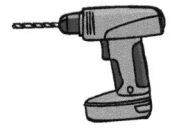

bur

свердло

ndandani

ремонтувати

sekop

лопата

Bajigur!

лайно!

serok

совок

kaleng cat

відро з фарбою

sekrup

гвинти

alat musik
музичні інструменти

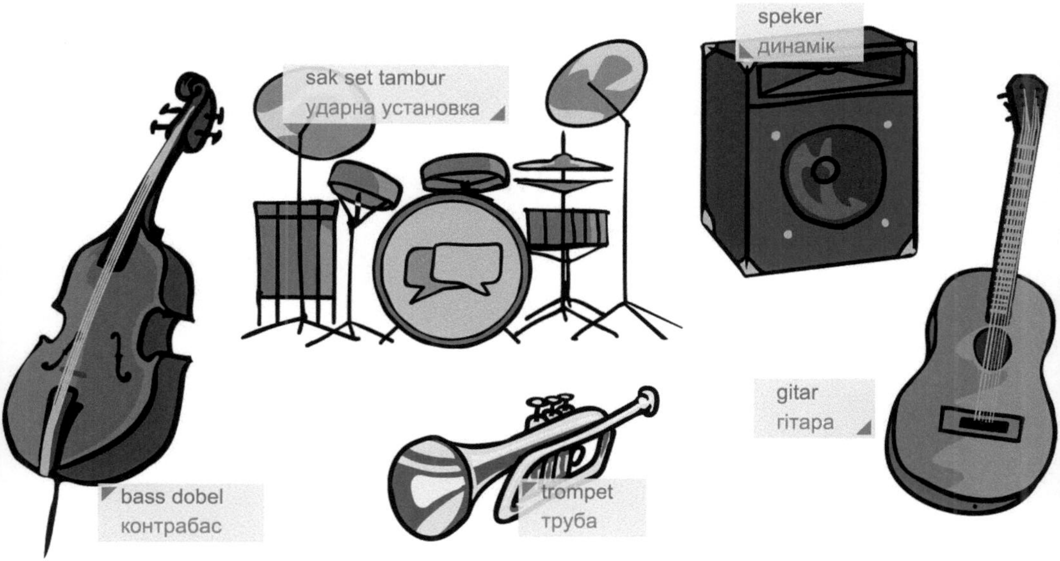

speker
динамік

sak set tambur
ударна установка

bass dobel
контрабас

trompet
труба

gitar
гітара

piano

фортепіано

biola

скрипка

bass

бас

timpani

литаври

tambur

барабан

keyboard

клавіатура

saksofon

саксофон

suling

флейта

mikropon

мікрофон

kebon kewan

зоопарк

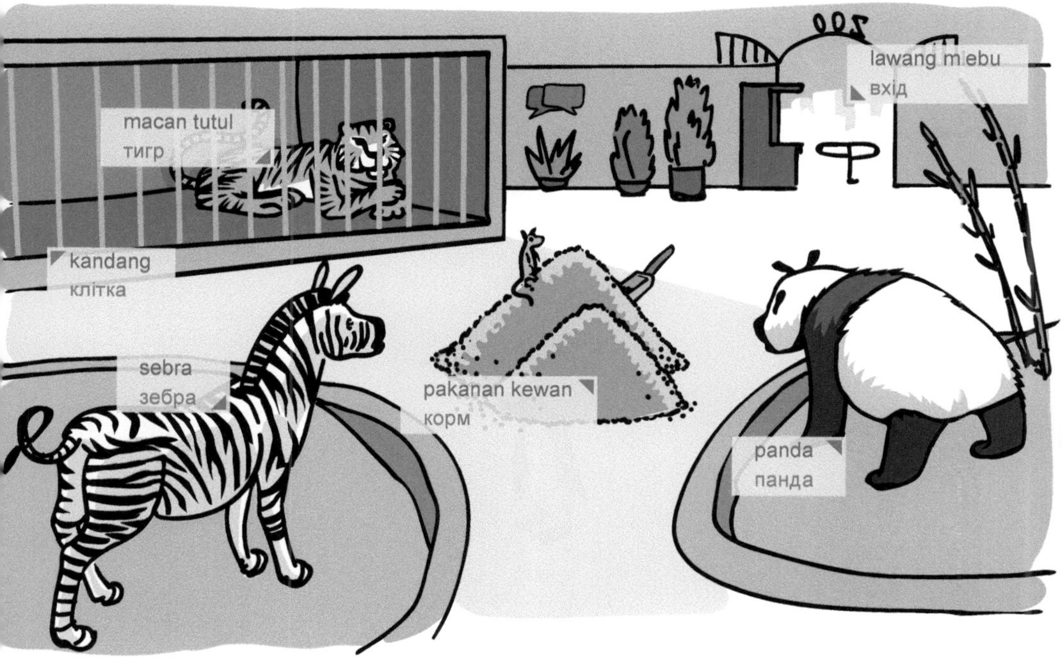
macan tutul
тигр
kandang
клітка
sebra
зебра
pakanan kewan
корм
lawang mlebu
вхід
panda
панда

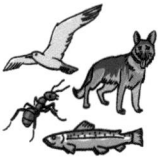

kewan

тварини

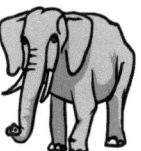

gajah

слон

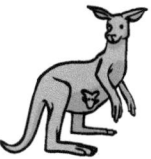

kanguru

кенгуру

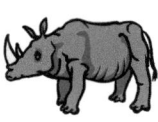

badak

носоріг

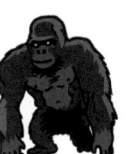

gorila

горила

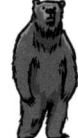

beruang

ведмідь

unta

верблюд

manuk unta

страус

singa

лев

kethek

мавпа

flamingo

фламінго

bethet

папуга

beruang kutub

білий ведмідь

pinguin

пінгвін

hiu

акула

merak

павич

ula

змія

baya

крокодил

juru kunci kebon kewan

працівник зоопарку

singa segara

тюлень

jaguar

ягуар

jaran poni

поні

macan tutul

леопард

kuda nil

гіпопотам

jrapah

жираф

garudha

орел

celeng

кабан

iwak

риба

bulus

черепаха

walrus

морж

rubah

лисиця

kidang

газель

bal-balan Amerika
американський футбол

sepedahan
їзда на велосипеді

tenis
теніс

basket
баскетбол

nglangi
плавання

hoki es
хокей

tinju
бокс

bal-balan
футбол

badminton
бадмінтон

atletik
легка атлетика

bal tangan
гандбол

ski
лижні перегони

polo
поло

ngguyu
сміятися

mencolot
стрибати

ngrangkul
обіймати

mlaku
йти

nembang
співати

ngimpi
мріяти

ndonga
молитися

ngambung
цілувати

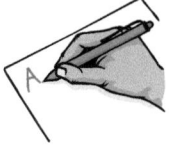

nulis

писати

nggambar

малювати

nuduhake

показувати

mencet

тиснути

menehi

давати

njupuk

брати

duweni

мати

nindakake

робити

yaiku

бути

ngadek

стояти

mlayu

бігати

narik

тягнути

nguncalake

кидати

tiba

падати

ngapusi

лежати

ngenteni

очікувати

nggawa

носити

lungguh

сидіти

klamben

одягати

turu

спати

tangi

просипатися

ndheleng

дивитися

nangis

плакати

ngelus

гладити

njungkati

розчісувати

ngomong

розмовляти

mangerteni

розуміти

takon

питати

ngrungoake

слухати

ngombe

пити

mangan

їсти

ngrapiake

прибирати

nrisnani

любити

masak

варити

nyopir

їхати

mabur

літати

nglayar

йти під вітрилом

itung

рахувати

maca

читати

sinau

вчитися

kerjo

працювати

ngrabi

одружуватися

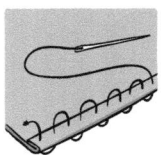

njahit

шити

nyikat untu

чистити зуби

mateni

убивати

ngrokok

курити

ngirim

посилати

mbah putri
бабуся

mbah kakung
дідуся

bapak
батько

ibu
мати

bayi
немовля

anak wedok
донька

anak lanang
син

tamu

гість

bu lik

тітка

pak lik

дядько

dulur lanang

брат

dulur wadon

сестра

awak

тіло

bathuk
чоло
mripat
око
pundhak
плече
driji
палець
pasuryan
обличчя
janggut
підборіддя
tangan
кисть
sikil
нога
payudara
груди
lengen
рука

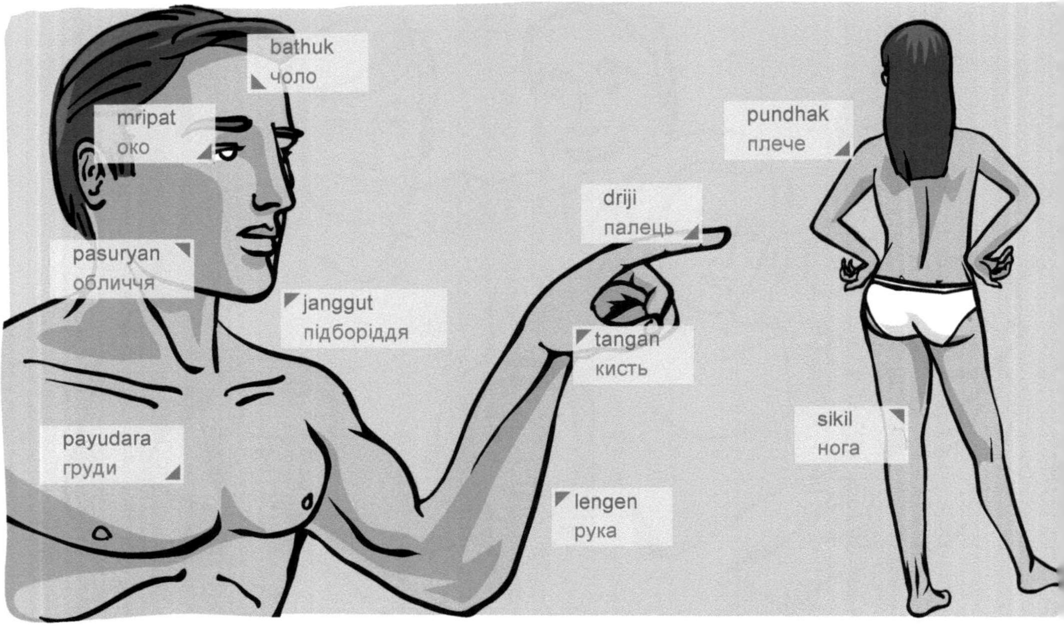

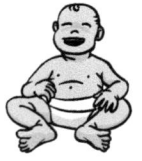

bayi

немовля

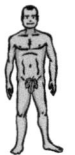

lanang

чоловік

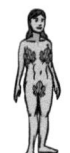

wadon

жінка

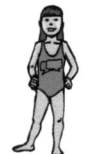

bocah wadon

дівчина

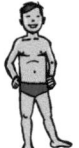

bocah lanang

хлопчик

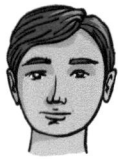

sirah

голова

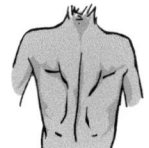

geger

спина

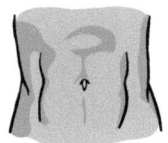

weteng

живіт

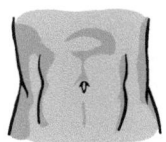

puser

пуп

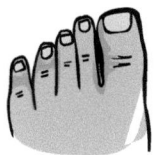

driji sikil

палець ноги

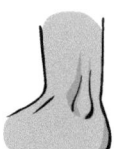

tungkak

п'ята

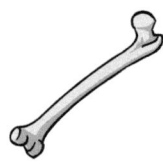

balung

кістка

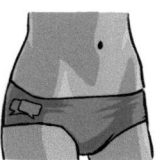

panggul

стегно

dengkul

коліно

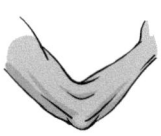

sikut

лікоть

irung

ніс

bokong

сідниці

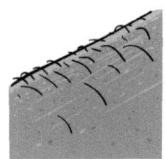

kulit

шкіра

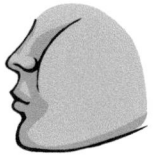

pipi

щока

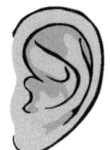

kuping

вухо

lambe

губа

awak - тіло

lisan

рот

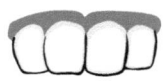

untu

зуб

ilat

язик

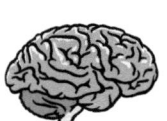

uteg

мозок

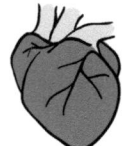

jantung

серце

otot

м'яз

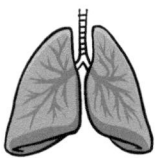

paru

легені

ati

печінка

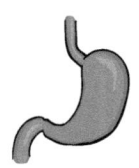

garba

шлунок

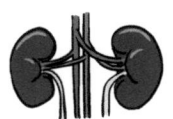

ginjel

нирки

sanggama

статевий акт

kondom

презерватив

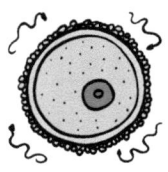

ovum

яйцеклітина

mani

сперма

mbobot

вагітність

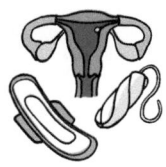

haid

менструація

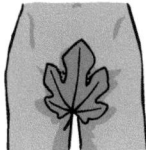

vagina

вагіна

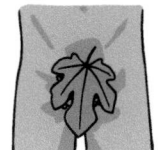

zakar

пеніс

alis

брова

rambut

волосся

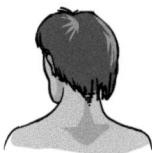

gulu

шия

griya sakit
лікарня

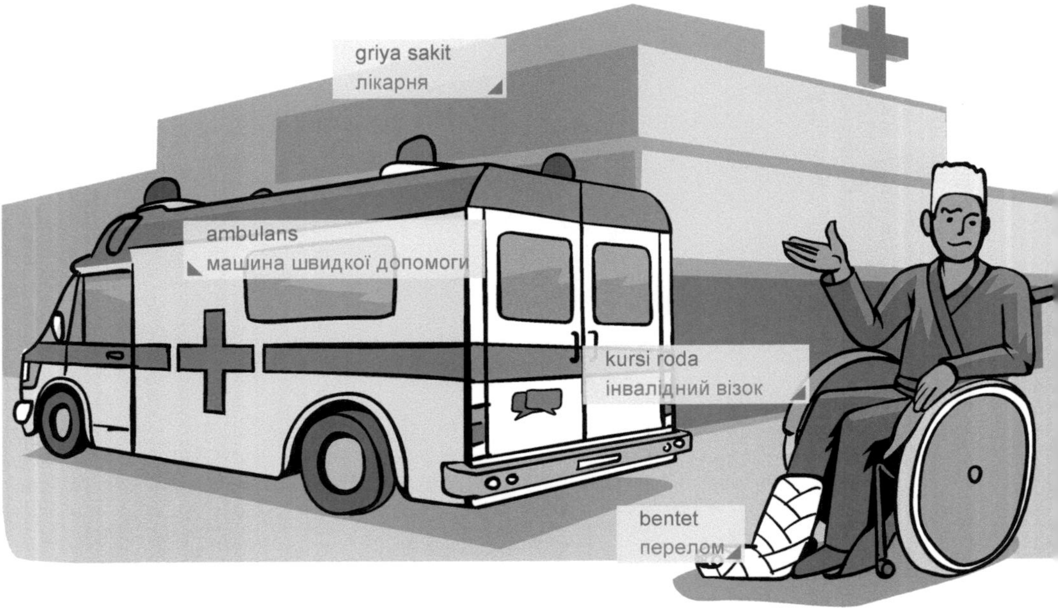

griya sakit
лікарня
ambulans
машина швидкої допомоги
kursi roda
інвалідний візок
bentet
перелом

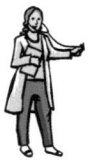

dokter

лікар

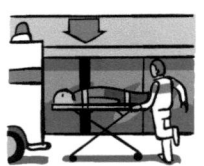

kamar gawat darurat

відділення швидкої медичної допомоги

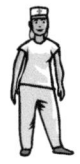

perawat

медсестра

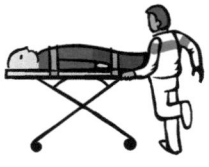

dharurat

аварійний випадок

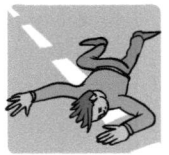

ora sadar

непритомний

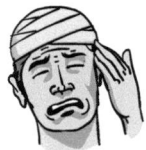

linu

біль

tatu

травма

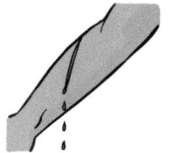

getihen

кровотеча

serangan jantung

інфаркт

setruk

інсульт

alergi

алергія

watuk

кашель

ngelu

лихоманка

pilek

грип

diare

пронос

mumet

головна біль

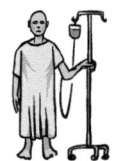

kanker

рак

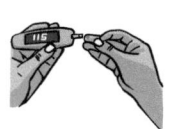

diabetes

діабет

ahli bedah

хірург

lading bedah

скальпель

operasi

операція

CT

КТ

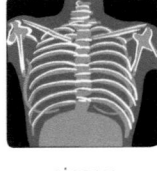

sinar x

рентген

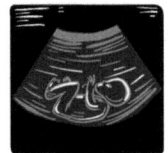

USG

ультразвук

masker

маска

penyakit

хвороба

kamar nunggu

зал очікування

pitulung

милиця

perban

пластир

perban

пов'язка

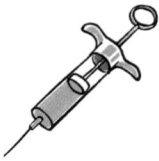

suntik

ін'єкція

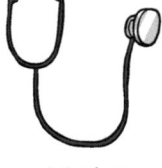

stetoskop

стетоскоп

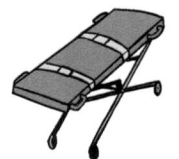

tandu

ноші

termometer klinik

термометр

lair

народження

kalemon

надмірна вага

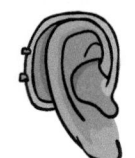

alat bantu dengar

слуховий апарат

disinfektan

дезінфікуючий засіб

infeksi

інфекція

virus

вірус

HIV/AIDS

ВІЛ / СНІД

obat

медицина

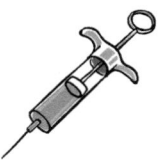

vaksinasi

вакцинація

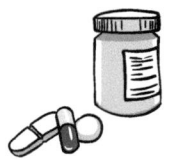

tablet

таблетки

pil

протизаплідна пігулка

nomer telpon darurat

екстрений виклик

ngukur tensi getih

тонометр

lara / waras

хворий / здоровий

Tulung!

Допоможіть!

sergap

напад

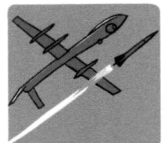

serangan

атака

bebaya

небезпека

lawang metu dharurat

аварійний вихід

alat mateni geni

вогнегасник

kacilakan

аварія

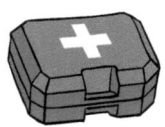

pitulungan wiwitan

аптечка

SOS

СОС

polisi

поліція

alarem

сигнал тривоги

Kobongan!

Вогонь!

Eropa

Європа

Amerika Lor

Північна Америка

Amerika Kidul

Південна Америка

Afrika

Африка

Asia

Азія

Australia

Австралія

Atlantik

Атлантика

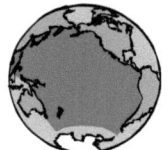

Pasifik

Тихий океан

Samudra Hindia

Індійський океан

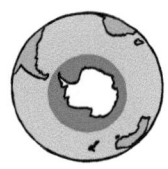

Samudra Antartika

Антарктичний океан

Samudra Arktik

Північний Льодовитий океан

Kutub Lor

Північний полюс

Kutup Kidul

Південний полюс

Antarktika

Антарктика

bumi

Земля

daratan

суша

segara

море

pulau

острів

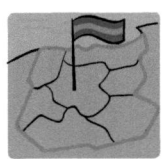

bangsa

нація

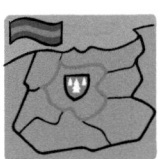

negara

держава

layar jam

циферблат

dom jam

годинникова стрілка

dom menit

хвилинна стрілка

dom detik

секундна стрілка

Jam piro saiki?

Котра година?

dina

день

wektu

час

saiki

зараз

jam digital

цифровий годинник

menit

хвилина

jam

година

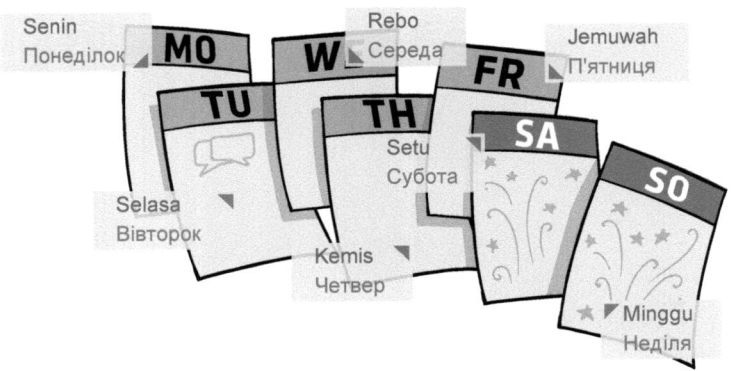

Senin / Понеділок — MO
Rebo / Середа — W
Jemuwah / П'ятниця — FR
TU
TH
SA
Setu / Субота
SO
Selasa / Вівторок
Kemis / Четвер
Minggu / Неділя

wingi

вчора

saiki

сьогодні

sesuk

завтра

esuk

ранок

awan

опівдні

bengi

вечір

dina kerja

робочі дні

akhir minggu

кінець робочого тижня

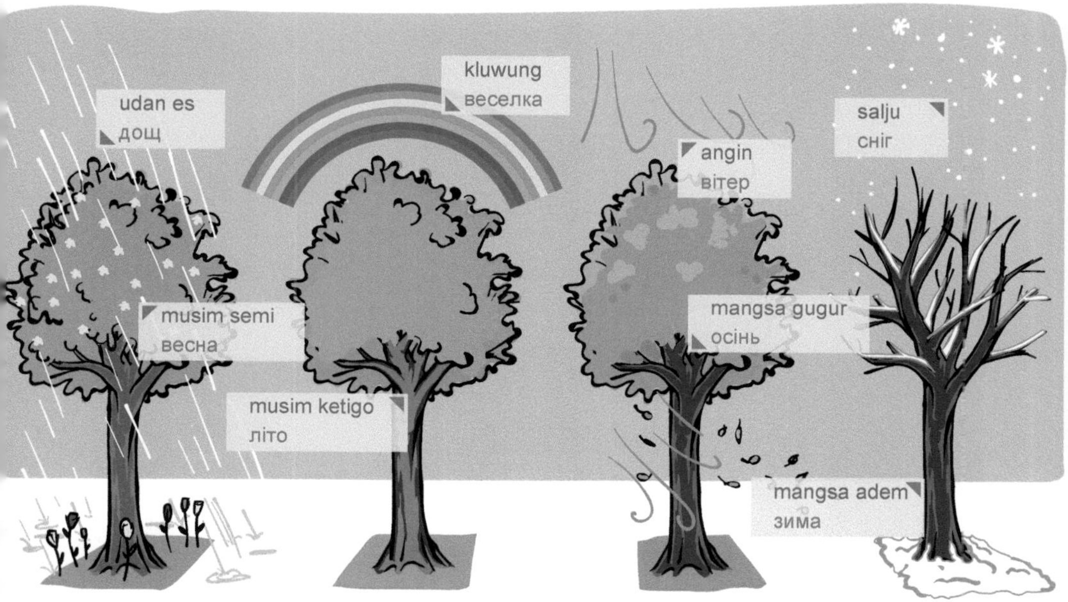

udan es
дощ
kluwung
веселка
salju
сніг
angin
вітер
musim semi
весна
mangsa gugur
осінь
musim ketigo
літо
mangsa adem
зима

4.APRIL 11°
5.APRIL 4°
6.APRIL 13°
7.APRIL 8°
8.APRIL 10°

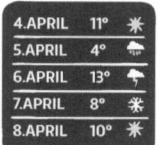

ramalan cuaca

прогноз погоди

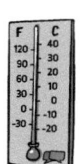

termometer

термометр

srengenge

сонячне світло

mendhung

хмара

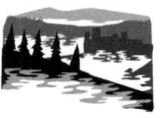

kabut

туман

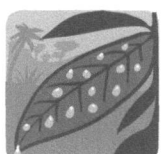

kelembapan

вологість повітря

kilat

блискавка

bledheg

грім

badai

шторм

udan es

град

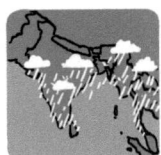

muson

мусон

banjir

повінь

es

лід

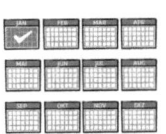

Januari

Січень

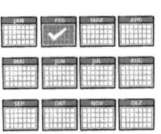

Februari

Лютий

Maret

Березень

April

Квітень

Mei

Травень

Juni

Червень

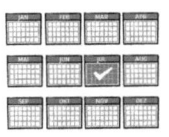

Juli

Липень

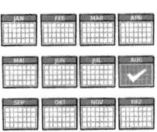

Agustus

Серпень

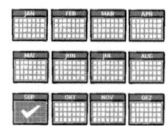

September
....
Вересень

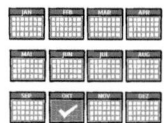

Oktober
....
Жовтень

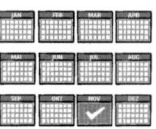

Nopember
....
Листопад

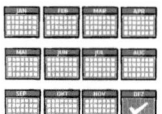

Desember
....
Грудень

wangun
форми

bunder
....
круг

kuadrat
....
квадрат

segi papat
....
прямокутник

segi telu
....
трикутник

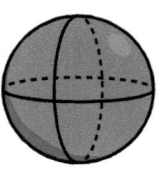

bal
....
куля

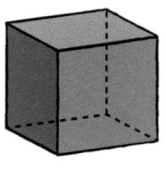

kubus
....
куб

putih

білий

kuning

жовтий

oranye

помаранчевий

jambon

рожевий

abang

червоний

ungu

фіолетовий

biru

синій

ijo

зелений

coklat

коричневий

abu-abu

сірий

ireng

чорний

akeh / sithik

багато / мало

nesu / kalem

лютий / мирний

ayu / elek

гарний / бридкий

pawitan / pungkasan

початок / кінець

gede / cilik

великий / малий

padhang / peteng

світлий / темний

sedulur lanang / sedulur wadon

брат / сестра

resik / reged

чистий / брудний

pepak / ora pepak

завершений / незавершений

awan / bengi

день / ніч

mati / urip

мертвий / живий

jembar / sempit

широкий / вузький

iso dipangan / ora iso dipangan

їстівний / неїстівний

ala / becik

злий / дружній

seneng / bosen

збуджений / нудьгуючий

lemu / kuru

товстий / тонкий

pisanan / pungkasan

спочатку / востаннє

kanca / musuh

друг / ворог

kebak / kosong

повний / порожній

atos / empuk

жорсткий / м'який

abot / enteng

важкий / легкий

luwe / wareg

голод / спрага

lara / waras

хворий / здоровий

illegal / legal

незаконний / законний

pinter / bodo

розумний / дурний

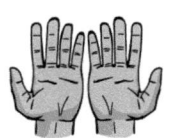

kiwa / tengen

вліво / вправо

cedhak / adoh

поруч / далеко

anyar / lawas

новий / використаний

ora ana / ana

нічого / щось

tuwa / enom

старий / молодий

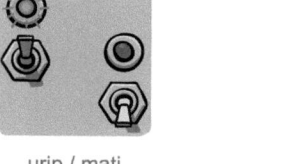

urip / mati

вкл / викл

buka / tutup

відкрито / закрито

anteng / rame

тихо / гучно

sugeh / mlarat

багатий / бідний

bener / salah

правильно / неправильно

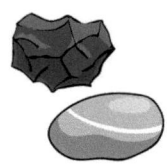

kasar / alus

шорсткий / гладкий

susah / seneng

сумний / щасливий

cendhak / dawa

короткий / довгий

alon / banter

повільно / швидко

teles / garing

вологий / сухий

anget / adem

гарячий / холодний

perang / tentrem

війна / мир

kontras - протилежності

0

nol

нуль

1

siji

один

2

loro

два

3

telu

три

4

papat

чотири

5

limo

п'ять

6

enem

шість

7

pitu

сім

8

wolu

вісім

9

songo

дев'ять

10

sepuluh

десять

11

sewelas

одинадцять

12

rolas

дванадцять

13

telulas

тринадцять

14

patbelas

чотирнадцять

15

limolas

п'ятнадцять

16

nembelas

шістнадцять

17

pitulas

сімнадцять

18

wolulas

вісімнадцять

19

songolas

дев'ятнадцять

20

rong puluh

двадцять

100

satus

сто

1.000

sewu

тисяча

1.000.000

sak yuto

мільйон

basa Inggris

англійська

basa Inggris Amerika

американська англійська

basa Cina Mandarin

китайська
високочиновницька

basa Hindi

хінді

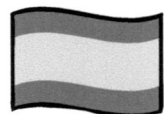

basa Spanyol

іспанська

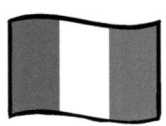

basa Prancis

французька

basa Arab

арабська

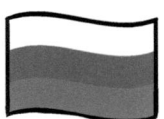

basa Rusia

російська

basa Portugis

португальська

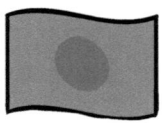

basa Bengali

бенгальська

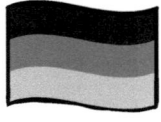

basa Jerman

німецька

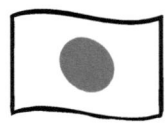

basa Jepang

японська

aku

я

kowe

ти

dheweke

він / вона / воно

kita

ми

kowe kabeh

ви

dheweke kabeh

вони

sapa?

хто?

apa?

що?

piye?

як?

neng endi?

де?

kapan?

коли?

jeneng

ім'я

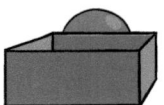

mburi

ззаду

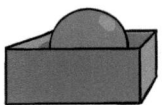

ing jero

в

ing ngarep

перед

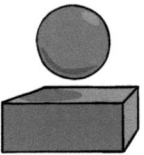

ing dhuwure

над

ing

на

ing ngisore

під

sisih

біля

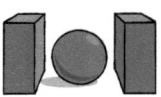

antarane

між

panggonan

місце